T. R. P. OLLIVIER

DES FRÈRES-PRÊCHEURS

LA GUERRE

DISCOURS PRONONCÉ LE 17 AVRIL 1896

DANS L'ÉGLISE DE LA MADELEINE

AU

SERVICE DES SOLDATS FRANÇAIS MORTS A MADAGASCAR

PARIS

THIELLEUX, LIBRAIRE-ÉDITEUR

10, rue Cassette, 10

En dépit de cet appareil funèbre, la cérémonie qui nous rassemble aux pieds de cet autel revêt un caractère de triomphe et de joie auquel je ne puis me tromper. En nous invitant à prier pour ses enfants morts au champ d'honneur, la France nous convie également à célébrer la gloire qu'ils lui ont acquise au prix de leur dévouement, et leur souvenir ne peut être évoqué devant vous sans amener avec lui la louange de leur sacrifice et de leur œuvre (2).

Mais comment atteindre à ce but sans parler de la guerre ? Et n'est-il pas étrange que ce soin puisse être confié à un religieux, et qu'il doive s'en acquitter dans le temple du Dieu de paix, surtout s'il lui faut parler de la guerre, non pour la maudire, mais pour l'exalter ?

Le prêtre et le soldat se tiennent de trop près pour que l'étonnement soit de longue durée. « De toutes les analogies morales, a dit Lacordaire, nulle n'est plus frappante que l'analogie du religieux et du soldat. C'est la même discipline et le même dévouement (3). » L'église

_____

(1) S. Ém. le cardinal Richard, archevêque de Paris, présidait la cérémonie.

(2) La Société internationale de la Croix-Rouge avait demandé ce service pour nos soldats de terre et de mer, avec l'intention de provoquer leur éloge funèbre.

(3) Lacordaire : *Éloge funèbre de Drouot.*

qui est le temple du *Dieu de la paix*, l'est aussi du *Dieu des armées*, et si l'on y chante le retour de la paix, on y bénit aussi les étendards que l'on veut conduire à la victoire.

Je n'ai donc à excuser, en ce moment, que l'insuffisance de ma parole, en m'assurant toutefois que vous y retrouverez, messieurs, l'âme d'un ancien compagnon d'armes, d'un associé de vos efforts au service de nos soldats, et surtout d'un patriote justement fier des nouveaux succès, dont la patrie témoigne aujourd'hui sa reconnaissance à ses enfants endormis dans la mort.

I

« La guerre, a dit Bossuet (1), est une chose si horrible que je m'étonne comment le seul nom n'en donne pas l'horreur. » A cette parole, si imposante qu'elle paraisse, vous me permettrez d'opposer celle du plus illustre orateur de notre siècle : « La guerre, répond Lacordaire (2), est l'acte par lequel un peuple résiste à l'injustice au prix de son sang. » A moins qu'on ne veuille nier la réalité, ici-bas, de l'injustice et de ses entreprises, ou prétendre que les peuples n'ont ni le droit ni le devoir d'y résister, il faut bien accepter la nécessité et par suite la légitimité de la guerre.

Il ne faut pas grand effort pour reconnaître à un peuple le droit de repousser les attaques dont on menace l'intégrité de son territoire ou l'indépendance nationale. Je ne sais pas s'il se trouve, en cette assemblée, quelque partisan de la fraternité universelle et de l'effacement des frontières : — doux rêve qui, ce semble, à première vue, doit sourire au prêtre, ministre du Christ venu dans le monde,

(1) Bossuet : *Pensées chrétiennes*, 36.
(2) Lacordaire : *Vie de saint Dominique*, ch. v.

pour faire l'unité dans la famille humaine, — mais irréalisable surtout pour le prêtre, trop conscient de la résistance opposée au plan divin par l'orgueil et les passions des hommes. Si l'Évangile doit, un jour, atteindre pleinement son but, il soumettra cet orgueil et ces passions au joug de la sagesse et de la justice : mais en attendant qu'il ait effacé les divisions qui sont entre les intérêts et les ambitions des peuples, — ce qui ne paraît pas devoir être de si tôt, — permettez-moi de croire à la patrie plus qu'à l'humanité, et de m'en tenir au vieux cri de : « Vive la France ! »

Je ne reconnais à personne le droit de toucher aux frontières de mon pays, d'en fouler outrageusement le sol, d'en arracher quelque parcelle ; et j'en suis sûr, messieurs, tous ici vous pensez comme moi. Tous aussi, vous croyez de toute votre âme au droit d'interdire à l'étranger de s'immiscer dans votre vie nationale pour lui imposer ses exigences : à peine y souffrez-vous des conseils, auxquels vous reconnaissez de la sympathie pour votre caractère et surtout du respect pour votre indépendance. Autrement ce sont là de ces injures, dont saint Augustin disait : que *la guerre est juste quand elle les venge* (1) et que *rien n'est plus à déplorer que l'impunité des insulteurs* (2).

Mais la théologie catholique va plus loin, non sans raison, et donne, pour juste motif à la guerre, la récupération des biens perdus, je veux dire du territoire enlevé ou de l'indépendance compromise. C'est là ce qu'enseignait à la jeunesse du treizième siècle ce Thomas d'Aquin (3), dont je dirais qu'il est *moderne*, si je ne craignais de diminuer en vos esprits l'estime que mérite cette doctrine déjà sept fois séculaire. C'est là ce qu'il faut enseigner à

(1) S. August., *sup. Josue* (lib. LXXXIII, *Quaestion*).
(2) Id. *Epist. ad Marcellinum.*
(3) *Summ. Théol.*, ii, ii, 9 , 40, 1, citant S. Augustin, *ut supra.*

notre jeunesse, sans égard pour cette fausse prudence, dont la conséquence serait la perte de toute dignité et de tout honneur. Oui ! oui, je sais qu'il faut parfois s'imposer silence : mais je sais aussi que le recueillement suppose la préparation de l'avenir, et je me souviens du bâton de maréchal que Chanzy montrait à prendre au-delà de ce Rhin qui

« A tenu dans notre verre ! (1) »

Mais la guerre ne se justifie pas seulement par la défense ou la reprise du territoire et de l'indépendance ; elle a aussi pour motif légitime la résistance aux assauts de la barbarie, — sous quelque apparence qu'elle se dissimule et de quelque péril qu'elle menace la civilisation chrétienne. Le devoir des peuples ne diffère pas ici du devoir des individus, obligés à repousser de toutes leurs forces les attaques de l'erreur et du mal, soit que leurs intérêts personnels en soient compromis, soit que le danger menace la faiblesse de ceux qu'ils ont en leur tutelle. Malheur aux nations qui tombent dans l'indifférence à l'endroit de la vérité et de la justice. Elles manquent à leur mission, et comme rien en ce monde n'a de raison de vivre que le service dont il est chargé par Dieu, quand un peuple, content de sa tranquillité et de sa prospérité matérielles, abandonne la défense des intérêts supérieurs, c'est fini de lui, et des grands aux petits « tout s'en va, d'un pas unanime, au lieu où la Providence attend les peuples indignes de vivre (2). »

Grâce à Dieu, la France du passé n'a point failli à cette mission, et toutes les barbaries l'ont trouvée en travers de la route pour leur barrer passage. Visigoths, musulmans, albigeois, huguenots, communards, ont appris, tour à tour, que le baptême de Clovis et le sacre de

(1) A. de Musset : *Le Rhin allemand.*
(2) Lacordaire : *VI⁰ Conférence* de Toulouse.

Charlemagne ont fait de la France la protectrice vigilante de la justice et de la vérité. Grâce à Dieu aussi, elle n'est pas encore disposée à répudier cette charge, quoi qu'il en paraisse aux yeux peu clairvoyants. Il y a loin d'un peuple aux partis qui s'y disputent le pouvoir. La victoire des partis est éphémère ; le tempérament national subsiste et, plus le jour est sombre, plus il convient d'attendre l'éclair qui attestera son réveil.

Défendre la civilisation contre les attaques de la barbarie ne suffirait pas à remplir toute la mission donnée par Dieu aux peuples baptisés : il leur faut encore la promouvoir et l'assurer contre les résistances qui lui ferment la voie ou lui disputent l'empire. Comme on l'a très bien dit, *toute foi est apostolique*, dans les nations comme dans les individus; quiconque possède la vérité lui doit de la prêcher et d'en étendre le règne, en brisant les obstacles qui en empêchent l'acceptation par les âmes sincères. La première conquête que doit rêver un peuple puissant n'est pas celle des territoires ou des richesses, mais celle des âmes à soumettre au joug de la vraie civilisation. L'honneur de notre patrie, messieurs, est de l'avoir compris et pratiqué sans relâche, — en dépit des sarcasmes dirigés contre cette nation assez folle pour *faire la guerre au seul profit des idées.* Oh ! sans doute, il y en a de plus habiles et que l'on juge parfois plus heureuses : celles, par exemple, qui accaparent de vastes terres, riches en toute sorte de produits, — qui assurent à leur commerce et à leur industrie des débouchés et des privilèges incomparables, — qui imposent leur patronage ou leur alliance, — sans autre souci que de s'agrandir ou de s'enrichir. Nous autres, nous n'avons pas encore cette sagesse! La France tient, avant tout, à porter la lumière dans les ténèbres, la liberté dans les servitudes, la vie dans les tombeaux. Ses soldats sont de même esprit que ses missionnaires; le même amour fait battre les cœurs de ses fils, sous les uniformes divers dont elle les couvre, — l'amour de la patrie, fille de la vérité, apôtre infatigable et désintéressée du progrès. On la paie assez, quand on l'aime pour ce qu'elle apporte. Si l'on se donne à elle, sans doute elle ne refuse pas la tutelle qui lui est proposée ; mais elle n'a pas à la charge de sa conscience les ruses ou les violences qui trop souvent inaugurent les dominations applaudies ailleurs avec tant d'enthousiasme. Il faut l'y forcer, pour qu'elle s'en remette à son épée du soin de trancher ses querelles, où la gloire a toujours le pas sur son intérêt. C'est son histoire tout entière que je résume, avec la certitude d'être compris par tous ceux qui la connaissent, et surtout par tous ceux qui lui appartiennent. Les profits sont souvent allés à d'autres ; mais il lui reste une part assez belle pour qu'elle n'en veuille pas d'autre, je veux dire, l'honneur devant les hommes et devant Dieu !

Elle ne croit pas, il est vrai, que la civilisation puisse pénétrer et se maintenir au sein de la barbarie, par la seule action des contacts que motivent le commerce et l'industrie. Elle ne croit guère davantage à l'action d'une philosophie, souvent en retard sur celle des nations à civiliser, même tributaire des doctrines qu'il s'agit de remplacer par l'Évangile, — celles de l'Extrême-Orient par exemple. Elle peut même ne pas croire à la suffisante efficacité de l'apostolat proprement dit sur les âmes tombées au dernier degré du scepticisme, de la superstition, de l'immoralité, et réfractaires dès lors à toute influence supérieure. Elle est donc amenée, par la force des choses, à porter la guerre où elle veut implanter sa propre vie, non pas tant pour son profit que pour celui des vaincus. Qui donc oserait le lui reprocher, et n'a-t-elle pas, en le faisant, bien mérité de l'humanité ?

C'est pourquoi la guerre ainsi comprise est glorifiée par les Écritures, au cours desquelles Dieu se dit lui-même le *Dieu des armées et des combats* (1). C'est aussi pourquoi l'Église appelle volontiers sur les drapeaux et les épées la bénédiction qui promet la victoire, — pourquoi, lors même qu'on lui refuse la joie de ces bénédictions, elle n'en prie pas moins, en les glorifiant, pour les victimes de la guerre ; — pourquoi enfin, au lieu de maudire la guerre, nous la déclarons sainte et croyons, avec l'Ange de l'École, que les soldats morts pour la patrie ont droit à la gloire des martyrs (2).

II

Mais la guerre n'est pas seulement justifiable par les motifs qui permettent de l'entreprendre ou de la soutenir ; elle l'est encore par les avantages dont elle est le principe pour l'homme et pour la société, — je veux dire par les vertus dont elle est la grande école, au sens de tous ceux qui savent réfléchir.

L'homme n'est vraiment digne de ce nom qu'à la condition de dominer l'égoïsme qui est le fond de sa nature, la mollesse à laquelle il cède si volontiers, l'orgueil qui le pousse à l'insubordination et à la révolte ; victoire difficile, résultant d'une éducation sévère, bien plus que d'un tempérament heureux. Les leçons et les exemples doivent y préparer une science et une pratique, qui s'assurent par la continuité des actes, par l'estime dont ils reçoivent leur première récompense, et finalement par la gloire où ils peuvent élever celui qui s'y distingue. Autrement l'âme atteinte à la surface mais non dans les profondeurs, manquant de l'appui qui tient à l'opinion publique et de l'excitant qui l'attire vers les sommets, reste vite en route

(1) I Reg. i, 3. — Isaï, i, 24. — Jerem. ii, 20. — Rom., ix, 29. — Jacob, v, 4., etc., etc.
(2) *Summ. Theol.*, ii, ii, q. 124, 5, ad. 3.

ou même retourne en arrière, pour ne plus s'arrêter qu'aux bas-fonds.

Les sociétés, parce qu'elles sont composées d'hommes, ne sauraient vivre sous d'autres principes, ni obéir à d'autres lois. Elles aussi ont pour ennemis l'égoïsme qui entend servir seulement l'intérêt personnel, — la mollesse qui se refuse aux efforts et aux sacrifices, — l'orgueil qui rejette toute dépendance et bat en brèche toute autorité légitime. Malheur aux peuples endormis dans la sécurité trompeuse d'une prospérité sans honneur, parce qu'elle est sans générosité et sans ordre ! L'histoire en est témoin ; les nations finissent toujours dans l'anarchie que préparent le bien-être et la licence. Jamais, au contraire, elles n'ont succombé quand elles ont eu pour se défendre le dévouement, le courage et la discipline : comme les *palle* des Médicis, jetées à terre par l'une de ces surprises dont toute fortune est passible, elles trouvent dans leur défaillance même le principe de leur relèvement: *percussa resiliunt!*

Mais à quelle meilleure école pourront-elles demander la science du dévouement, du courage et de la discipline qu'à celle de la guerre, et quelle vie préférable pour le vrai patriote à celle du soldat ?

Je ne veux mettre en doute le patriotisme de personne, en cette France où l'on encourt plutôt le reproche de chauvinisme ou de patriotisme exagéré. Cependant il m'est bien permis d'en voir la plus haute expression dans ce petit soldat, pour lequel le dévouement et le sacrifice sont devenus tellement ordinaires qu'il ne paraît pas croire à la possibilité d'en manquer. Demandez-lui ce que vous voudrez et envoyez-le où il vous plaira, pourvu qu'il ait reconnu dans l'appel la voix de la patrie ! Comme le divin Envoyé, il n'a qu'une réponse : Vous m'avez donné une vie à sacrifier, et j'ai dit : Me voici ! (1) » La fatigue

(1) Psalm. XXXIX, 8. — Hebr. x, 5-9 : « *Corpus aptasti mihi...* *Tunc dixi : Ecce venio.* »

l'accable ; la faim et la soif le torturent ; le soleil le brûle ou le froid le transit ; la mort le guette et il sent déjà ses morsures dans les coups dont il est frappé ; que lui importe, puisque devant lui rayonne la sublime devise : Honneur et patrie !

Ah ! j'en conviens. On peut le trouver risible comme son nom, ce pauvre Dumanet, que nous aimons à voir, en flânerie naïve, une fleur aux lèvres, une baguette à la main. Oui, nous pouvons en sourire tant qu'il est seul. Mais attendez ! Il n'est plus seul : ils sont dix, cent, mille de ces humbles et leurs pas soulèvent en tourbillons la poussière de la route. Le cœur vous bat d'une émotion joyeuse. Saluez ! c'est le régiment qui passe, et voici le drapeau !

Si la vie militaire est une vie de dévouement et de sacrifice, avons-nous besoin d'ajouter qu'elle est aussi par excellence l'école du courage et de la bravoure ? Être brave en France c'est, dit-on, ressembler à tout le monde : je le veux croire, encore que j'aie, comme vous tous, de trop récents souvenirs de prudences exagérées à l'heure du péril national. Mais où donc faut-il aller pour avoir la conviction de ce courage traditionnel, sinon aux lieux où souffle cette *furia francese*, dont les condottieri d'antan craignaient si fort la rencontre ? Si le Français est naturellement brave, il n'en a pleine conscience que sur les champs de bataille. Là, grâce à Dieu, le poltron même devient téméraire, dans cette griserie de la poudre qui affole vraiment, et fait au besoin d'un moine, destiné à relever les blessés, l'indiscret conseiller qui prétend diriger la trajectoire des obus. Vienne alors le sang qui coule ! Y saurait-on prendre garde ? Ou plutôt ne faut-il pas pour l'honneur qu'il y en ait des traces à l'uniforme ; et, je l'avoue, je serais sorti honteux de ces aventures, si je n'avais eu, moi aussi, la chance de voir à la blancheur de mon habit la tache légère d'un peu de mon sang !

Mais que serait le courage sans la discipline, véritable lien des armées et véritable sève des peuples? Sans elle les armées ne sont plus que des foules sans cohésion et sans puissance, destinées à se désagréger au premier choc des vrais soldats. Vous le savez mieux que personne, vous qui avez, à Madagascar, vu fuir devant une poignée de braves un peuple tout entier, dissipé à votre souffle comme la poussière que roule un vent d'orage. Sans elle aussi les sociétés se décomposent et s'en vont à la ruine. Quand Dieu veut perdre une nation, il y éteint l'ardeur militaire, et avec elle les derniers vestiges de la vigueur morale : mais tant qu'il lui laisse l'espoir de vivre ou de renaître, il y maintient ce mystérieux silence des armées, où vient mourir le bruit des passions politiques, laissant ainsi à la « grande muette » la garde du Verbe qui appellera bientôt Lazare à sortir du tombeau (1). Spectacle magnifique et bien fait pour saisir l'âme que celui de cette armée où l'obéissance est la vertu suprême, où la subordination, parfois si difficile, est regardée par tous comme la garantie de l'avenir de la patrie. Ah ! Messieurs, si vous avez pris peur devant les insanités et les crimes de notre triste temps, rassurez-vous en contemplant le faisceau de toutes ces énergies si fortement unies par le lien de la discipline. La France peut y appuyer son bras avec confiance, et, s'il plait à Dieu, en dégager encore la hache qui châtie les félonies et abat les insolences.

C'est à cette clarté qu'il convient de juger la défiance et l'antipathie dont l'armée est poursuivie par tous ceux qui veulent, au détriment de la patrie, la satisfaction de leur ambition et de leurs appétits. D'instinct, ils devinent en elle la gardienne de la justice et de l'honneur, l'ennemie de toutes les erreurs si volontairement propagées, la vengeresse du droit si outrageusement violé. Aussi leur

____

(1) Joan., XI, 43 : « *Lazare, veni foras!* »

donne-t-elle une peur atroce, surtout par les hommes que leurs services y mettent en plus haut relief : ses victoires leur sont un cauchemar, et ses héros leur apparaissent comme dignes de toutes les persécutions. Je n'ai jamais mieux compris le prix des vertus militaires qu'en voyant sortir des Invalides la dépouille mortelle de l'amiral Courbet. Couché dans son cercueil, roulé dans les plis du drapeau qu'il avait si souvent conduit à la victoire, ce grand mort semblait encore jeter le frisson dans les veines de ses détracteurs, pendant que la foule, silencieuse, le suivait de regards émus et caressants. Certes je comprenais ce silence et je partageais ce respect : mais je n'ai jamais éprouvé plus vivement, — et je n'étais pas le seul — le besoin de crier à la face de ces gens-là : « Vive l'armée ! » et « Vive la France ! »

Ne fût-ce que pour la peur qu'elle inspire aux méchants, je tiendrais encore la guerre pour sainte, et je bénirais Dieu d'avoir fait de la France une nation militaire par excellence. Rien ne donnerait à rire, s'il n'y avait pas souvent à en pleurer, comme ces efforts pour créer chez nous ce qu'on appelle le régime civil. On aura beau faire : si peu militaire que soit l'habit, on cherchera toujours à son flanc la place de l'épée, — et de quelque ridicule coiffure que l'on charge sa tête, on aura toujours la tentation d'y fixer un panache. C'est dans le sang, et malgré les dithyrambes en l'honneur du progrès industriel, commercial, financier, tout vrai Français adressera au Dieu de la patrie la prière que Brizeux adressait au Dieu de la Bretagne :

> « O toi, qui nous a faits ou soldats ou poètes,
> Sur les côtes marins et pâtres dans les champs,
> Garde-nous du niveau qui passe sur les têtes :
> Ne fais pas des *Français* un peuple de marchands (1) ! »

(1) Brizeux : *La Fleur d'Or.*

III

Cependant, Messieurs, en justifiant et surtout en préconisant la guerre, je ne puis oublier qu'elle est louable et sainte seulement quand elle est animée par l'esprit chrétien. C'est lui, en effet, qui interdit à l'ambition ou à la passion de provoquer et de prolonger la guerre, soit qu'il s'agisse des princes qui jouent avec la vie des peuples, soit qu'il s'agisse des peuples qui foulent aux pieds la justice et la raison. C'est lui qui tempère les entrainements du succès et les impatiences de la revanche, — qui protège les droits des neutres, la faiblesse des petits, la sainteté des croyances et des mœurs, lorsqu'une passion fiévreuse les menace, — qui atténue les rancunes et contient les ardeurs de la vengeance, au jour des revendications. C'est lui qui introduit la modération et la générosité dans les traités qui suivent les victoires, et permet aux vaincus de trouver à leur défaite une consolation dans les égards que leur témoignent les vainqueurs. C'est lui qui empêche les brutalités de la conquête, qui permet d'en supporter le joug sans désespoir, et qui prépare des alliances au lieu d'éterniser les haines. C'est lui enfin qui met au cœur des hommes illustrés par la guerre et portés au sommet des choses par la gloire, le désintéressement et l'oubli de soi-même, grâce auxquels la patrie trouve en eux des fils toujours fidèles et non des ambitieux disposés à l'asservir.

Et remarquez-le bien, Messieurs, je parle ici de l'esprit chrétien, et non de cette philosophie équivoque si aisée à concilier avec toutes les formes et toutes les allures de la barbarie, si prompte à les amnistier et à les vanter quand elle y trouve son avantage, — j'ajoute, si facile à étudier même de nos jours où nous avons pu voir comment la sauvagerie pouvait s'abriter derrière les sophismes de cette philosophie.

Cet esprit chrétien, c'est-à-dire l'esprit de charité généreuse, ingénieuse et persévérante, vous l'avez introduit dans la guerre, vous, messieurs, qui avez eu l'initiative de cette funèbre et triomphale réunion. Avant de glorifier ainsi la mémoire de nos soldats tombés sur les chemins de Tananarive, vous aviez fait pour eux tout ce qu'il était possible d'entreprendre à leur bénéfice : et ce que vous avez fait pour eux, après l'avoir fait pour leurs devanciers, vous continuerez à le faire pour ceux qui les suivront dans cette route glorieuse.

Route glorieuse, il est vrai, mais route pénible, où l'âme et le corps se fatiguent, souffrent et peuvent également défaillir. Grâce à votre société, messieurs, les mères peuvent voir leurs fils s'éloigner d'elles sans perdre l'espérance. Elles savent que vous les remplacerez près de ces enfants, que vous prendrez soin d'eux, que vous les aimerez et le leur témoignerez de toutes les manières. Médecins, aumôniers, infirmiers, sœurs de charité, — elles savent que vous avez multiplié autour d'eux les formes de l'assistance et de la consolation. Elles savent que, s'ils tombent blessés au cours de la bataille, des mains amies panseront leurs plaies, — que des voix amies leur parleront de bon espoir, de confiance et de retour. Elles savent que, si la mort les touche de son aile, du moins ils auront, après les encouragements suprêmes de la foi, un coin de terre bénite pour dormir. Elles savent, parce qu'elles le voient pour les fils d'autres mères, que la mémoire de leurs fils sera noblement rappelée au pied des autels, à la face de tout un peuple appelé par vous à la prière et à l'hommage.

Eux aussi, nos chers soldats, ils savent tout cela ; et de plus ils espèrent que, grâce à l'esprit chrétien dont s'anime le service des armes, ceux qu'ils laissent derrière eux ne seront pas abandonnés. La charité qui les a servis continuera près des leurs, — mères, veuves et orphelins, — le service qu'elle s'est imposé, en échange de celui qu'ils s'imposaient pour la patrie. Et si, dans leurs naïves ambitions, ils ont rêvé de somptueuses funérailles telles qu'on en fait aux grands de la terre, ils savent, grâce à vous, comment ce rêve se réalise au-delà même de toute attente.

Merci pour eux, messieurs! Merci pour leurs camarades! Merci tout spécialement pour les soldats du corps expéditionnaire de Madagascar, auquel vous avez donné de si éclatantes preuves de dévouement! Merci pour moi-même, que vous avez associé à cette manifestation de votre patriotisme et de votre foi! De tout mon cœur je demande à Dieu qu'il vous paie au centuple ce que vous avez fait sous son inspiration pour le bien de nos soldats et la glorification de la France!

Vous aurez encore bien des occasions de vous montrer semblables à vous-mêmes et dignes de vos œuvres passées! Je ne suis point prophète et ne puis surtout désirer le retour des heures douloureuses au cours desquelles j'ai pris place dans vos rangs! Mais pourquoi ne pas le dire franchement? Tous nous avons au cœur l'espérance et le désir du jour mille fois heureux où nous rattacherons aux flancs de la patrie les lambeaux arrachés à sa chair sacrée! Votre place est marquée d'avance, n'est-ce pas, messieurs, au premier plan de cette marche vers la victoire qui fixera de nouveau les couleurs françaises au dôme de Metz et à la flèche de Strasbourg! Vous y serez, les fils après les pères, avec la même ardeur et la même constance, parce que vous y serez avec le même cœur!

Je n'ose espérer que la mienne y soit aussi! Pendant longtemps j'ai caressé cette espérance, en dépit de l'âge et des doutes qu'il amène à l'encontre des convictions les plus fermes et des vœux les plus ardents! Maintenant peut-être, il est trop tard et je dois souhaiter à d'autres la joie qui ne me sera pas donnée ici-bas. Je ne puis toutefois me défendre d'adresser au ciel cette prière : « O Dieu de mon pays, si j'ai devant vous quelque mérite pour la bonne volonté de mes efforts au service de ma patrie, je vous demande, non pas de saluer le jour de sa glorification, mais de m'en garder l'assurance par la conservation et le développement de son esprit militaire ! On prétend qu'il s'y perd, au profit de je ne sais quel sentimentalisme humanitaire, venu d'outre-Rhin comme nos tristesses et nos deuils. Je n'en crois rien : mais s'il en est ainsi, ô Dieu de Clovis, de Charlemagne, de saint Louis, arrêtez vite cette décadence ! Vous le savez, le jour où l'épée cesserait d'être en honneur parmi nous, ce serait fini de notre génie et de notre rôle en ce monde : mais ce serait aussi fini, pour longtemps du moins, de votre règne et de vos conquêtes dans le monde des âmes ! Gardez-nous donc, ô Dieu des armées, contre pareille défaillance, et donnez encore à la fille aînée de votre Église d'écrire, avec l'épée, quelqu'une de ces pages où brille à la première ligne, le nom et la gloire du Christ qui aime toujours les Francs ! »

Fr. Marie-Joseph Ollivier,

des Frères-Prêcheurs.

PARIS. — IMPRIMERIE F. JOURDAN, 36-38, RUE DE LA GOUTTE-D'OR

PARIS
LIBRAIRIE P. LETHIELLEUX
10, rue Cassette, 10

Ouvrages du T. R. P. OLLIVIER
DES FRÈRES-PRÊCHEURS

Les Amitiés de Jésus. — Magnifique volume grand in-8° cavalier, orné de gravures et d'une carte . . . . . **9. »**

La Passion. — *Essai historique.* Magnifique volume grand in-8° cavalier, orné de gravures et de plans . . . . **9. »**

La Passion. — *Essai historique.* Beau volume in-12, *édition populaire,* ne contenant ni les gravures, ni les appendices de l'édition originale. . . . . **4. »**

Etude sur la physionomie intellectuelle de N. S J. C. Belle brochure in-8°. . . . . **».30**

La Mission providentielle de Jeanne d'Arc. — Edition de luxe, en format in-8°. . . . . **».50**

La Guerre. — *Discours* prononcé le 17 avril 1896, dans l'église de la Madeleine, au Service des Soldats français morts dans la campagne de Madagascar. Brochure in-8° . . . . **».50**

PARIS. — IMP. P. JOURDAN, 36-38, RUE DE LA GOUTTE-D'OR.

www.ingramcontent.com/pod-product-compliance
Lightning Source LLC
LaVergne TN
LVHW050248030726
842520LV00006B/2248